12 духовных зако

Всеобъемлющее руководство по достижению личностного роста и духовного просветления

Sergio Rijo

12
ДУХОВНЫХ
ЗАКОНОВ
ВСЕЛЕННОЙ

ВСЕОБЪЕМЛЮЩЕЕ РУКОВОДСТВО ПО ДОСТИЖЕНИЮ ЛИЧНОСТНОГО РОСТА И ДУХОВНОГО ПРОСВЕТЛЕНИЯ

SERGIO RIJO

12 духовных законов Вселенной: Всеобъемлющее руководство по достижению личностного роста и духовного просветления

SERGIO RIJO

Published by SERGIO RIJO, 2024.

12 ДУХОВНЫХ ЗАКОНОВ ВСЕЛЕННОЙ: ВСЕОБЪЕМЛЮЩЕЕ РУКОВОДСТВО ПО ДОСТИЖЕНИЮ ЛИЧНОСТНОГО РОСТА И ДУХОВНОГО ПРОСВЕТЛЕНИЯ

First edition. October 7, 2024.

Copyright © 2024 SERGIO RIJO.

ISBN: 979-8227172327

Written by SERGIO RIJO.

Содержание

Введение

Здравствуйте и добро пожаловать в мою книгу «12 духовных законов Вселенной: Всеобъемлющее руководство по достижению личностного роста и духовного просветления». Я очень рад поделиться с вами знаниями и мудростью, которые я обрел на своем духовном пути и в процессе исследований.

Духовность — это тема, которая увлекала меня сколько я себя помню. В детстве я всегда задавал большие вопросы о жизни и вселенной. С возрастом мой интерес к духовности усилился, и я начал изучать различные религиозные и духовные практики.

Со временем я начал осознавать, что существуют определенные универсальные принципы, лежащие в основе всех духовных учений. Эти принципы часто называют духовными законами или духовными истинами. Это основные законы, которые управляют вселенной и нашим местом в ней.

В этой книге я поделюсь своим пониманием 12 духовных законов вселенной. Эти законы передавались через духовные традиции на протяжении веков и остаются актуальными и сегодня.

Моя цель в написании этой книги — помочь вам глубже понять эти законы и предоставить практические инструменты и техники для их интеграции в вашу повседневную жизнь. Делая это, вы сможете достичь личностного роста и духовного просветления.

Прежде чем мы погрузимся в изучение 12 духовных законов, важно понять, что мы подразумеваем под «духовностью». Духовность не то же самое, что религия. Хотя религия может быть частью духовности, духовность — это более широкое понятие, охватывающее разнообразные убеждения и практики.

В своей основе духовность связана с соединением с чем-то большим, чем мы сами. Это осознание того, что мы являемся частью большего целого и что существует божественный разум, управляющий вселенной.

Духовность также связана с осознанием взаимосвязанности всех вещей. Это понимание того, что мы все часть одной космической ткани, и что наши действия и мысли оказывают влияние на мир вокруг нас.

12 духовных законов, которые мы будем изучать в этой книге, основаны на этих фундаментальных принципах духовности. Они являются руководством для жизни в гармонии с вселенной и для реализации нашего полного потенциала как духовных существ.

Когда вы будете читать эту книгу, я призываю вас подходить к ней с открытым умом и сердцем. Эти духовные законы могут поставить под сомнение некоторые ваши предвзятые представления, и это нормально. Рост и трансформация часто требуют выхода за пределы зоны комфорта и принятия новых идей и перспектив.

Я также хочу подчеркнуть, что эта книга не предназначена быть догматическим или предписывающим руководством. 12 духовных законов — это не жесткие правила, которым вы должны следовать, чтобы быть «хорошим» духовным человеком. Скорее, это принципы, которые вы можете использовать как основу для вашего собственного духовного пути.

В конечном итоге цель этой книги — дать вам возможность создать более полную и осмысленную жизнь. Независимо от того, новичок ли вы в духовности или уже давно на этом пути, я верю, что 12 духовных законов помогут вам углубить ваше понимание и опыт божественного.

Итак, без лишних слов, давайте погрузимся в первый духовный закон: Закон божественного единства.

Глава 1: Закон Единства

В этой главе мы будем исследовать Закон Божественного Единства, который считается самым фундаментальным из всех духовных законов.

Что такое Закон Божественного Единства?

Закон Божественного Единства — это принцип, согласно которому все во Вселенной взаимосвязано и является частью единого целого. Это означает, что каждый человек, каждое животное, каждое растение и каждый объект связаны друг с другом и с самой Вселенной. Проще говоря, мы все одно.

Этот закон также известен как закон единства, закон взаимосвязанности и закон целостности. Он основан на идее, что мы все являемся энергетическими существами, и энергия проходит через все во Вселенной, связывая всё воедино.

Согласно этому закону, мы не отделены друг от друга или от Вселенной, а являемся частью более большого сознания. Это означает, что всё, что мы делаем, влияет на мир вокруг нас, и наоборот.

Как закон божественного единства влияет на нас

Понимание Закона Божественного Единства может оказать глубокое влияние на нашу жизнь. Это может помочь нам по-новому взглянуть на мир и понять взаимосвязанность всех вещей.

Когда мы осознаем, что все мы связаны, мы начинаем понимать, что наши действия оказывают влияние на мир вокруг нас. Мы начинаем осознавать, что всё, что мы делаем, создает эффект волны, который ощущается по всей Вселенной.

Это знание может быть как вдохновляющим, так и подавляющим. Оно вдохновляет, потому что означает, что у нас есть сила внести положительные изменения в мир, даже если они кажутся незначительными. Это также может быть подавляющим, потому что мы становимся ответственными за свои действия и их влияние на других.

Понимание силы взаимосвязанности

Сила взаимосвязанности — это центральная концепция Закона Божественного Единства. Это означает, что всё во Вселенной связано, и что мы все являемся частью единого целого. Эта концепция может быть трудной для понимания, поскольку нас часто учат мыслить о себе как о независимых индивидуальностях.

Однако, когда мы начинаем понимать силу взаимосвязанности, мы видим, что все мы — часть чего-то гораздо большего, чем мы сами. Мы начинаем осознавать, что наши действия могут оказать глубокое влияние на мир вокруг нас.

Один из ключевых способов понять силу взаимосвязанности — это рассмотреть концепцию причины и следствия. Согласно Закону Божественного Единства, всё, что мы делаем, влияет на мир вокруг нас. Это означает, что наши действия могут иметь как положительные, так и отрицательные последствия в зависимости от того, как мы решим поступить.

Например, если мы решим действовать с добротой и состраданием, мы можем вдохновить других на то же самое. Это может создать эффект волны, который распространится по всему миру. С другой стороны, если мы действуем с гневом и ненавистью, мы можем вдохновить других на аналогичные действия, создавая отрицательный эффект.

Как жить в соответствии с Законом Божественного Единства

Жить в соответствии с Законом Божественного Единства означает осознавать, что мы все взаимосвязаны, и что наши действия оказывают влияние на мир вокруг нас. Это значит жить с состраданием, добротой и чувством ответственности за свои поступки.

Вот несколько способов жить в соответствии с Законом Божественного Единства:

Практикуйте осознанность: Осознанность — это практика полного присутствия в текущем моменте. Когда мы осознанны, мы более осведомлены о своих действиях и их влиянии на других. Это помогает нам действовать с большим состраданием и добротой.

Воспитывайте благодарность: Благодарность — это практика сосредоточения на позитивных аспектах нашей жизни. Когда мы воспитываем благодарность, мы начинаем видеть взаимосвязанность всех вещей. Мы начинаем ценить мелочи в жизни и осознавать их влияние на наше благополучие и благополучие окружающих.

Действуйте с добротой: Доброта — один из самых мощных способов жить в соответствии с Законом Божественного Единства. Когда мы действуем с добротой, мы создаем положительный эффект волны, который может распространиться по всему миру.

Берите ответственность за свои поступки: Ответственность за свои действия означает осознание того, что у нас есть сила создавать положительные изменения в мире. Это значит признавать свои ошибки и принимать меры для исправления ситуации.

Связывайтесь с другими людьми: Взаимодействие с другими людьми — это мощный способ ощутить взаимосвязанность всех вещей. Когда мы общаемся с другими, мы начинаем видеть, что все мы — часть единого целого. Мы начинаем ценить разнообразие мира и осознавать общие черты, которые нас всех объединяют.

Закон Божественного Единства — это мощный духовный принцип, который может помочь нам по-новому взглянуть на мир. Осознавая взаимосвязанность всех вещей, мы можем начать жить в соответствии с этим законом и создавать положительные изменения в мире. Через осознанность, благодарность, доброту и принятие ответственности за свои поступки мы можем начать жить жизнью, более гармонирующей с Вселенной и нашим местом в ней.

Глава 2: Закон Энергии

В первой главе мы обсудили Закон Единства и то, как все во Вселенной взаимосвязано. В этой главе мы исследуем еще один фундаментальный закон Вселенной: Закон Энергии. Понимание природы энергии и того, как она действует в нашей жизни, может оказать глубокое влияние на наше личное развитие и духовный рост.

Природа энергии и её роль во Вселенной

Энергия — это фундаментальный аспект Вселенной. Она является силой, которая движет все творение, от движения звезд и планет до роста одного стебля травы. На базовом уровне энергия — это способность выполнять работу или вызывать изменения.

Существует множество различных форм энергии, включая свет, тепло, звук и электромагнитные волны. Однако все эти разные виды энергии можно свести к двум основным категориям: кинетическая энергия и потенциальная энергия.

Кинетическая энергия — это энергия движения. Когда объект находится в движении, у него есть кинетическая энергия. Потенциальная энергия, с другой стороны, — это энергия, которая хранится в объекте или системе. Это может быть энергия, хранящаяся в сжатой пружине, или энергия, содержащаяся в пище, которую мы едим.

Закон Энергии говорит нам о том, что все во Вселенной состоит из энергии, и эта энергия постоянно находится в движении. Наши мысли, эмоции и действия — это тоже формы энергии, которые влияют на общую энергию Вселенной.

Как наши мысли и эмоции влияют на энергию

Наши мысли и эмоции играют мощную роль в энергии, которую мы излучаем во Вселенную. Позитивные мысли и эмоции, такие как любовь, радость и благодарность, излучают высокочастотную энергию, которая может притягивать позитивные события в нашу жизнь. Негативные мысли и эмоции, такие как страх, гнев и печаль, излучают низкочастотную энергию, которая может притягивать негативные события.

Один из ключевых принципов Закона Энергии заключается в том, что подобное притягивает подобное. Это означает, что энергия, которую мы излучаем во Вселенную, — это та энергия, которую мы будем привлекать обратно к себе. Если мы излучаем позитивную энергию, мы будем привлекать в свою жизнь позитивные события. Если мы излучаем негативную энергию, мы будем притягивать негативные события.

Важно отметить, что Закон Энергии не касается только позитивного мышления и игнорирования наших негативных эмоций. Речь идет о признании наших эмоций и о том, чтобы как можно больше концентрироваться на позитивных переживаниях и эмоциях. Это может быть непросто, но является важной частью нашего личного и духовного развития.

Техники для повышения нашей вибрационной частоты

Повышение нашей вибрационной частоты — важный аспект жизни в соответствии с Законом Энергии. Когда мы повышаем нашу вибрационную частоту, мы излучаем энергию более высокой частоты, которая может притягивать позитивные события в нашу жизнь. Вот несколько техник для повышения нашей вибрационной частоты:

Практикуйте благодарность: Благодарность — одна из самых мощных эмоций для повышения нашей вибрационной частоты. Сосредоточившись на том, за что мы благодарны в своей жизни, мы можем сместить свою энергию на более позитивную частоту.

Медитация: Медитация — мощный инструмент для повышения нашей вибрационной частоты. Успокаивая наш ум и сосредотачиваясь на дыхании, мы можем подключиться к более высокому состоянию сознания и излучать энергию высокой частоты.

Физическая активность: Участие в физической активности, такой как упражнения или йога, также может помочь повысить нашу вибрационную частоту. Это связано с тем, что физическая активность способствует высвобождению эндорфинов — естественных гормонов счастья.

Проводите время на природе: Время, проведённое на природе, также может помочь повысить нашу вибрационную частоту. Природа излучает высокочастотную энергию, которая может способствовать подъёму нашей собственной энергии.

Закон Энергии — это фундаментальный закон Вселенной, управляющий движением всех вещей. Наши мысли, эмоции и действия — это формы энергии, которые влияют на общую энергию Вселенной. Понимая роль энергии в нашей жизни и практикуя техники для повышения нашей вибрационной частоты, мы можем привлекать позитивные события и достигать личного и духовного роста.

Важно помнить, что наши мысли и эмоции оказывают мощное влияние на энергию, которую мы излучаем во Вселенную. Если мы сосредотачиваемся на позитивных мыслях и эмоциях, мы можем привлекать в свою жизнь позитивные события. Если мы сосредотачиваемся на негативных мыслях и эмоциях, мы будем привлекать негативные события. Поэтому важно быть внимательными к своим мыслям и эмоциям и стараться как можно чаще сосредотачиваться на позитивных переживаниях.

Одним из ключей к жизни в соответствии с Законом Энергии является практика благодарности. Благодарность — это мощная эмоция, которая может сместить нашу энергию на более позитивную частоту. Сосредоточившись на том, за что мы благодарны в своей жизни, мы можем повысить свою вибрационную частоту и привлечь больше позитивных событий.

Глава 3: Закон Действия

В предыдущих главах мы рассмотрели Закон Единства и Закон Энергии, два фундаментальных закона Вселенной, управляющих нашими жизнями. В этой главе мы углубимся в Закон Действия, который, возможно, является одним из самых важных законов для достижения успеха в нашей жизни.

Важность действий в проявлении наших желаний

Закон Действия гласит, что мы должны действовать, чтобы воплотить наши желания в реальность. Это значит, что мы не можем просто сидеть сложа руки и ждать, пока что-то произойдет. Мы должны предпринимать активные шаги для достижения наших целей и мечтаний.

Многие люди неправильно понимают Закон Притяжения, полагая, что им нужно только визуализировать свои желания, и они волшебным образом осуществятся. Хотя визуализация — важная часть процесса проявления, это лишь один из элементов. Мы также должны действовать, чтобы наши желания стали реальностью.

Действие в направлении наших желаний важно по нескольким причинам. Во-первых, это показывает Вселенной, что мы серьезно настроены на достижение своих целей и готовы приложить усилия для их реализации. Во-вторых, действие помогает нам набрать инерцию на пути к нашим целям, что в конечном итоге может упростить их достижение. И, наконец, действие позволяет нам учиться и развиваться через опыт, что имеет огромное значение для нашего личностного и духовного роста.

Роль вдохновленного действия

Хотя действие само по себе важно, недостаточно просто предпринимать любые действия. Закон Действия говорит нам, что мы должны предпринимать вдохновленные действия в направлении наших желаний.

Вдохновленное действие — это действие, руководимое нашей интуицией и внутренней мудростью. Это действие, которое согласуется с нашими желаниями и кажется естественным и правильным. Вдохновленное действие отличается от обычных действий, которые могут казаться вынужденными или неестественными.

Когда мы предпринимаем вдохновленные действия, мы подключаемся к энергии Вселенной, которая доступна нам. Мы становимся со-творцами вместе с Вселенной, позволяя ей вести нас к нашим желаниям.

Техники преодоления прокрастинации и принятия действий

Одним из самых больших препятствий на пути к действию является прокрастинация. Прокрастинация — это откладывание или задержка действий, часто вызванные страхом или неуверенностью.

Преодоление прокрастинации требует как изменения мышления, так и применения практических техник. Вот несколько методов для преодоления прокрастинации и начала вдохновленных действий:

Идентифицируйте свое сопротивление: Первый шаг в преодолении прокрастинации — это выявление источника вашего сопротивления. Это страх неудачи? Страх успеха? Недостаток ясности? Как только вы определите причину сопротивления, вы сможете начать работать над её преодолением.

Разбейте задачу на части: Часто мысль о совершении большого действия может быть настолько подавляющей, что это приводит к прокрастинации. Чтобы это преодолеть, попробуйте разбить действие на более мелкие, управляемые шаги. Это поможет сделать задачу менее устрашающей и легче выполнимой.

Создайте план: Планирование действий также может помочь преодолеть прокрастинацию. Запишите шаги, которые вам нужно предпринять, и установите для каждого шага конкретные сроки. Это создаст ощущение срочности и поможет оставаться на правильном пути.

Используйте визуализацию: Визуализация — это мощный инструмент для преодоления прокрастинации и принятия действий. Представьте себе, как вы выполняете действия и достигаете желаемого результата. Это поможет создать мотивацию и импульс для достижения ваших целей.

Закон Действия гласит, что мы должны предпринимать действия для того, чтобы наши желания воплотились в реальность. Вдохновленные действия, которые руководствуются нашей интуицией и внутренней мудростью, являются ключом к достижению успеха. Преодоление прокрастинации требует как изменений в мышлении, так и применения практических техник, но с упорством и преданностью мы можем преодолеть любые препятствия и достичь своих целей.

Глава 4: Закон Соответствия

Замечали ли вы когда-нибудь, что одни и те же шаблоны повторяются на протяжении всей вашей жизни? Возможно, вы постоянно притягиваете одного и того же типа партнёров или снова и снова оказываетесь в похожих условиях на работе. Может быть, вы испытываете одни и те же негативные мысли и убеждения, несмотря на все усилия изменить их.

Если это вам знакомо, возможно, вы сталкиваетесь с действием Закона Соответствия. Этот духовный закон утверждает, что существует соответствие между шаблонами и опытом в нашей жизни и шаблонами и опытом во Вселенной в целом.

Что такое Закон Соответствия?

Закон Соответствия — это принцип, который гласит, что шаблоны и опыт в нашей жизни соответствуют шаблонам и опыту во Вселенной в целом. Иными словами, всё взаимосвязано и в каком-то смысле отражается обратно нам.

Этот закон основан на идее, что всё во Вселенной состоит из энергии, которая постоянно находится в движении. Энергия, которую мы излучаем во Вселенную — будь то наши мысли, убеждения или действия — возвращается к нам в той или иной форме.

Почему шаблоны повторяются во Вселенной

Шаблоны и опыт повторяются во Вселенной, потому что всё взаимосвязано. Это значит, что наши мысли, эмоции и действия — не изолированные события, а часть более широкой системы.

Например, если у вас есть негативное убеждение о себе, такое как «Я недостаточно хорош», это убеждение повлияет на ваше восприятие мира и на ваши действия. Это негативное убеждение также будет притягивать опыт и ситуации, которые подтверждают вашу неуверенность в себе.

Точно так же, если у вас есть позитивное убеждение, например, «Я достоин любви и уважения», это убеждение привлечёт в вашу жизнь позитивные события и ситуации.

Как выявить и изменить негативные шаблоны в своей жизни

Если вы сталкиваетесь с негативными шаблонами в своей жизни, важно выявить их, чтобы начать изменять. Вот несколько шагов, которые помогут вам в этом процессе:

Осознайте свои мысли и убеждения: Первый шаг к выявлению негативных шаблонов — осознание своих мыслей и убеждений. Обратите внимание на то, что вы говорите себе и какие убеждения у вас есть о себе и окружающем мире.

Определите негативные шаблоны: Как только вы осознали свои мысли и убеждения, определите любые негативные шаблоны, которые могут присутствовать. Это может быть шаблон привлечения нездоровых отношений или негативного самовнушения.

Оспорьте негативные мысли и убеждения: После того как вы определили негативные шаблоны, оспорьте те негативные мысли и убеждения, которые их подпитывают. Спросите себя, действительно ли они правдивы, и если нет, замените их на позитивные утверждения.

Предпринимайте действия: Наконец, действуйте, чтобы изменить негативные шаблоны в своей жизни. Это может включать изменение своих мыслительных шаблонов, обращение к психотерапевту или улучшение заботы о себе.

Значение мыслей и убеждений

Наши мысли и убеждения имеют огромное значение, потому что они формируют наш опыт и шаблоны в жизни. Когда мы цепляемся за негативные мысли и убеждения, они притягивают негативные события и ситуации. И наоборот, когда мы придерживаемся позитивных мыслей и убеждений, они притягивают позитивные изменения и опыт.

Важно помнить, что наши мысли и убеждения не всегда основаны на реальности. Они часто формируются нашими прошлыми переживаниями, общественными установками и другими факторами. Осознав свои мысли и убеждения и оспаривая негативные шаблоны, мы можем начать создавать новую реальность для себя.

Практика Закона Соответствия

Закон Соответствия учит нас тому, что всё взаимосвязано, а шаблоны и опыт в нашей жизни отражают шаблоны и опыт во Вселенной. Осознав свои мысли и убеждения и начав оспаривать негативные шаблоны, мы можем создавать новую реальность для себя и притягивать позитивные события и ситуации в нашу жизнь. Важно помнить, что это процесс, и для изменения глубоко укоренившихся мыслительных шаблонов и убеждений требуются время и усилия. Однако с терпением, самосознанием и готовностью измениться мы можем создать более позитивную и насыщенную жизнь для себя.

Один из способов практиковать Закон Соответствия — использование аффирмаций. Аффирмации — это позитивные утверждения, которые мы повторяем себе, чтобы помочь изменить свои мысли и убеждения. Например, если вам сложно бороться с негативным самовнушением, вы можете использовать аффирмацию, такую как: «Я достоин любви и уважения». Регулярно повторяя это утверждение, вы сможете перепрограммировать свой ум и начать привлекать позитивный опыт и шаблоны в свою жизнь.

Ещё один способ практиковать Закон Соответствия — визуализация. Визуализация — это использование воображения для создания мысленного образа той реальности, которую вы хотите воплотить в жизнь. Например, если вы хотите привлечь успешную карьеру, представьте себя на вашей мечте работе, чувствуя удовлетворение и радость. Регулярно визуализируя эту реальность, вы можете начать притягивать возможности и события, которые помогут сделать её реальностью.

В конечном итоге Закон Соответствия напоминает нам, что мы не пассивные участники своей жизни, а активные со-творцы. Осознавая свои мысли и убеждения и предпринимая шаги для изменения негативных шаблонов, мы можем создать для себя более позитивную и насыщенную реальность.

Глава 5: Закон Причины и Следствия

Задумывались ли вы когда-нибудь, почему события происходят именно так, как они происходят? Почему некоторым людям, кажется, везёт во всём, в то время как другие изо всех сил пытаются преуспеть? Возможно, ответы на эти вопросы кроются в Законе Причины и Следствия.

В этой главе мы рассмотрим, что такое Закон Причины и Следствия, как каждое действие имеет соответствующую реакцию, как этот закон применяется к духовной жизни, а также техники, которые помогут создать положительное духовное воздействие.

Что такое Закон Причины и Следствия?

Закон Причины и Следствия, также известный как закон кармы, — это фундаментальный принцип, который утверждает, что каждое действие вызывает соответствующую реакцию. Это означает, что каждая наша мысль, каждое слово и действие создают эффект, который влияет как на нашу жизнь, так и на жизнь окружающих.

Закон Причины и Следствия часто описывается как универсальный закон, который действует как на физическом, так и на духовном уровне. Он основан на принципе, что энергия не может быть создана или уничтожена, она лишь преобразуется из одной формы в другую.

Как каждое действие вызывает соответствующую реакцию

Каждое действие, которое мы совершаем, вызывает соответствующую реакцию. Это значит, что энергия, которую мы излучаем в мир через наши мысли, слова и действия, возвращается к нам в той или иной форме.

Например, если мы распространяем позитивную энергию, помогая другим, проявляя доброту и любовь, эта энергия вернётся к нам в виде положительных событий, изобилия и радости.

С другой стороны, если мы излучаем негативную энергию через гнев, зависть или ненависть, эта энергия вернётся к нам в виде негативных переживаний, стресса и несчастья.

Закон Причины и Следствия в духовной жизни

Закон Причины и Следствия применим не только к нашему физическому миру, но и к духовной жизни. Это означает, что наши духовные действия также оказывают соответствующее влияние на наше духовное благополучие.

Например, если мы практикуем положительные духовные практики, такие как медитация, молитва и бескорыстное служение, мы испытаем духовный рост и чувство внутреннего мира.

Напротив, если мы вовлечены в негативные духовные действия, такие как осуждение, зависть или сплетни, мы испытаем духовную стагнацию и ощущение разобщённости с нашим высшим «я».

Техники для создания положительного духовного воздействия

Если вы хотите создать положительное духовное воздействие в своей жизни, существует несколько техник, которые могут помочь. Вот некоторые из них:

Практикуйте осознанность: Осознанность — это практика быть полностью присутствующим в текущем моменте и осознавать свои мысли, чувства и окружение. Практикуя осознанность, вы сможете лучше понимать свои действия и их влияние на себя и окружающих.

Практикуйте благодарность: Благодарность — это способность быть признательным за те благословения, которые уже есть в вашей жизни. Практикуя благодарность, вы смещаете фокус с того, чего вам не хватает, на то, что у вас есть, и создаёте позитивную энергию, которая притягивает больше изобилия в вашу жизнь.

Занимайтесь бескорыстным служением: Бескорыстное служение — это действия, направленные на помощь другим, не ожидая ничего взамен. Участвуя в таких действиях, вы создаёте позитивную энергию, которая приносит пользу как вам, так и окружающим.

Практикуйте прощение: Прощение — это умение отпускать гнев, обиду и боль, направленные на других людей. Практикуя прощение, вы освобождаете негативную энергию и создаёте пространство для того, чтобы в вашу жизнь могла прийти позитивная энергия.

Устанавливайте намерения: Установление намерений — это процесс определения того, что вы хотите создать в своей жизни. Устанавливая позитивные намерения, вы создаёте чёткое видение того, чего хотите достичь, и начинаете действовать в соответствии со своими целями.

Закон Причины и Следствия — это фундаментальный принцип, который управляет как нашей физической, так и духовной жизнью. Понимая влияние своих действий на себя и других, мы можем создать позитивную энергию, которая притягивает изобилие и помогает исполнить наши самые заветные желания. Практикуя позитивные духовные действия и техники, мы можем развить в себе чувство внутреннего покоя и соединения с высшим «я».

Помните, каждое действие вызывает соответствующую реакцию. Действуйте осознанно, и создавайте ту жизнь, о которой вы мечтаете.

Глава 6: Закон Возмещения

Вы когда-нибудь слышали пословицу «что посеешь, то и пожнёшь»? Это суть Закона Возмещения, который управляет идеей, что мы получаем то, что отдаем во вселенную. В этой главе мы рассмотрим, что такое Закон Возмещения, как получить то, что вы вложили, как понять разные формы возмещения и техники, позволяющие жить в гармонии с Законом Возмещения.

Что такое Закон Возмещения?

Закон Возмещения — это идея о том, что мы получаем в пропорции к тому, что даём. Это означает, что вселенная реагирует на наши действия и намерения, предоставляя нам возмещение, либо в виде материальных вознаграждений, либо через нематериальные переживания. Закон Возмещения тесно связан с Законом Причины и Следствия, о котором мы говорили в предыдущей главе.

Согласно Закону Возмещения, наши действия и намерения создают вибрационную частоту, которая притягивает соответствующие события в нашу жизнь. Если мы излучаем позитивные вибрации через наши мысли, слова и действия, мы привлекаем позитивные события. Наоборот, если мы излучаем негативные вибрации, мы привлекаем негативные события.

Как получить то, что вы вложили

Закон Возмещения касается не только дачи, но и получения. Чтобы получить то, что вы вложили, нужно быть открытым для получения и готовым принять возмещение, которое приходит к вам. Вот несколько советов, как получать то, что вы вложили:

Будьте открыты для получения: Часто мы блокируем поток изобилия, не будучи открытыми для получения. Будьте готовы принять комплименты, подарки и возможности, которые приходят к вам.

Имейте позитивный настрой: Позитивный настрой привлекает позитивные события. Сосредоточьтесь на хорошем в вашей жизни и будьте благодарны за то, что у вас есть.

Действуйте: Закон Возмещения требует действий. Вам нужно предпринимать позитивные действия, чтобы привлечь позитивные события.

Понимание различных форм возмещения

Закон Возмещения может проявляться в различных формах, включая:

Материальное возмещение: Это включает в себя материальные вознаграждения, такие как деньги, подарки и имущество.

Эмоциональное возмещение: Это включает нематериальные вознаграждения, такие как любовь, счастье и удовлетворение.

Духовное возмещение: Это включает вознаграждения, способствующие нашему духовному росту, такие как мудрость, понимание и внутренний покой.

Важно отметить, что возмещение не всегда происходит немедленно. Иногда вознаграждения за наши действия могут занять время, чтобы проявиться. Важно сохранять терпение и доверять, что вселенная предоставит нам то, что нам нужно.

Техники для жизни в гармонии с Законом Возмещения

Жизнь в гармонии с Законом Возмещения требует изменения мышления и поведения. Вот несколько техник, которые помогут вам жить в гармонии с этим законом:

Сосредоточьтесь на позитиве: Как мы уже обсуждали, позитивный настрой привлекает позитивные события. Сосредоточьтесь на хорошем в вашей жизни и будьте благодарны за то, что у вас есть.

Дайте без ожиданий: Закон Возмещения основан на принципе дачи и получения. Дайте щедро, не ожидая ничего взамен.

Берите на себя ответственность за свои действия: Ваши действия и намерения непосредственно влияют на возмещение, которое вы получаете. Берите на себя ответственность за свои действия и старайтесь излучать позитивные вибрации.

Доверяйте вселенной: Доверяйте, что вселенная предоставит вам то, что вам нужно, даже если это не всегда то, что вы хотите. Имейте веру, что всё происходит к вашему высшему благу.

Практикуйте detachment: Отстранение — это акт отпускания привязанности к результатам. Сосредоточьтесь на настоящем моменте и отпустите необходимость контролировать будущее.

Согласовывайте свои действия с вашими ценностями: Убедитесь, что ваши действия соответствуют вашим ценностям и убеждениям. Это поможет вам привлекать события, которые соответствуют вашему истинному «я».

Закон Возмещения — это мощный принцип, который управляет идеей о том, что мы получаем в пропорции к тому, что даём. Поняв этот закон и живя в гармонии с ним, мы можем привлечь позитивные события в нашу жизнь и достичь большего удовлетворения.

Помните, что Закон Возмещения касается не только материальных вознаграждений. Он также может проявляться в виде эмоционального и духовного возмещения, которые одинаково важны для нашего общего благополучия.

Чтобы получить то, что мы вложили, мы должны быть открытыми для получения, иметь позитивный настрой и совершать позитивные действия. Также нам нужно понимать различные формы возмещения и быть терпеливыми, так как вознаграждения за наши действия могут занять время для проявления.

Жизнь в гармонии с Законом Возмещения требует изменения мышления и поведения. Мы должны сосредоточиться на позитиве, щедро давать, брать на себя ответственность за свои действия, доверять вселенной, практиковать detachment и согласовывать свои действия с ценностями.

Интеграция этих техник в нашу повседневную жизнь поможет нам жить в большей гармонии с Законом Возмещения и, в конечном итоге, приведет к более полнокровной и удовлетворяющей жизни. Начните уже сегодня, излучая позитивные вибрации и давая щедро, и смотрите, как вселенная отвечает вам взаимностью.

Глава 7: Закон Привлечения

Вы когда-нибудь слышали выражение «подобное притягивает подобное»? Эта концепция лежит в основе Закона Привлечения, одного из самых известных духовных законов. В этой главе мы рассмотрим, что такое Закон Привлечения, как он работает и техники его использования для воплощения ваших желаний.

Что такое Закон Привлечения?

Закон Привлечения — это принцип, который утверждает, что подобное притягивает подобное. Это означает, что энергия, которую вы излучаете во вселенную, будь то через ваши мысли, эмоции или действия, будет привлекать к вам аналогичную энергию.

Закон Привлечения основан на идее, что всё во вселенной состоит из энергии, и эта энергия постоянно находится в движении. Когда вы фокусируете свои мысли и эмоции на определённом желании, вы посылаете энергетические вибрации во вселенную, которые привлекают аналогичные вибрации обратно к вам.

Как подобное притягивает подобное

Подобное притягивает подобное, потому что всё во вселенной взаимосвязано. Это означает, что энергия, которую вы излучаете во вселенную, будет привлекать энергию, которая вибрирует на аналогичной частоте.

Например, если вы чувствуете благодарность и счастье, вы привлечёте больше событий, которые заставят вас чувствовать благодарность и счастье. Наоборот, если вы чувствуете негатив и страх, вы привлечёте больше событий, которые заставят вас чувствовать негатив и страх.

Вот почему так важно сосредотачиваться на позитивных мыслях и эмоциях, если вы хотите привлечь позитивные события в свою жизнь.

Техники использования Закона Привлечения для воплощения ваших желаний

Если вы хотите использовать Закон Привлечения для воплощения ваших желаний, есть несколько техник, которые вы можете использовать. Вот несколько из них:

Визуализация: Визуализация — это мощная техника использования Закона Привлечения. Найдите время каждый день, чтобы визуализировать себя уже имеющим то, что вы хотите. Представляйте, как вы живёте жизнью, которую хотите, и испытываете эмоции, которые вы бы испытывали, если бы уже имели то, что желаете.

Аффирмации: Аффирмации — это позитивные утверждения, которые вы повторяете себе, чтобы укрепить позитивные убеждения и мысли. Создайте аффирмации, поддерживающие воплощение ваших желаний, и повторяйте их каждый день.

Благодарность: Благодарность — это мощный способ поднять вашу вибрацию и привлечь позитивные события в вашу жизнь. Каждый день находите время, чтобы сосредоточиться на том, за что вы благодарны в своей жизни.

Действие: Наконец, действуйте в направлении своих желаний. Это не значит, что вы должны точно знать, как ваше желание проявится, но действуйте вдохновлённо в его направлении. Это может быть так же просто, как провести исследование, сделать телефонный звонок или предпринять небольшой шаг в сторону своего желания.

Как поддерживать позитивный настрой

Поддержание позитивного настроя — это ключ к эффективному использованию Закона Привлечения. Вот несколько советов, как оставаться позитивным:

Сосредоточьтесь на том, что вы хотите: Вместо того чтобы сосредотачиваться на том, чего вы не хотите, сосредоточьтесь на том, что вы хотите. Держите внимание на своих желаниях и визуализируйте себя уже имеющим их.

Практикуйте благодарность: Благодарность — это мощный способ поднять вашу вибрацию и привлечь позитивные события в вашу жизнь. Каждый день находите время, чтобы сосредоточиться на том, за что вы благодарны в своей жизни.

Окружите себя позитивными людьми: Люди, с которыми вы общаетесь, имеют большое влияние на вашу энергию и настроение. Окружайте себя позитивными и поддерживающими людьми.

Заботьтесь о себе: Забота о себе физически, эмоционально и духовно является необходимостью для поддержания позитивного настроя. Убедитесь, что вы достаточно отдыхаете, правильно питаетесь, занимаетесь физической активностью и практикуете заботу о себе.

В заключение, Закон Привлечения — это мощный принцип, который может помочь вам воплотить ваши желания. Поняв, как подобное притягивает подобное, и используя такие техники, как визуализация, аффирмации, благодарность и действия, вы можете создать желаемую жизнь. Поддерживая позитивный настрой и сосредотачиваясь на том, что вы хотите, вы можете привлечь позитивные события в свою жизнь и поднять свою вибрацию.

Важно помнить, что Закон Привлечения — это не волшебная формула, которая мгновенно принесёт вам всё, что вы желаете. Это требует практики и терпения, и иногда воплощение ваших желаний может занять больше времени, чем вы ожидали.

Тем не менее, если вы останетесь преданными своим желаниям и поддержите позитивный настрой, вы в конечном итоге привлечёте желаемые события в свою жизнь.

Один из ключей к эффективному использованию Закона Привлечения — это отпустить любые ограничивающие убеждения или негативные мысли, которые могут вас сдерживать. Эти убеждения и мысли могут создавать сопротивление и блокировать поток положительной энергии, необходимой для воплощения ваших желаний.

Отпуская эти ограничивающие убеждения и сосредотачиваясь на позитивных мыслях и эмоциях, вы открываете себя для новых возможностей и шансов, которые могут помочь вам реализовать ваши желания.

В дополнение к отпущению ограничивающих убеждений, также важно предпринимать вдохновленные действия в направлении ваших желаний. Это означает действовать, что ощущается как согласованное с вашими желаниями, даже если вы не знаете точно, как они проявятся.

Предпринимая вдохновленные действия в направлении ваших желаний, вы посылаете вселенной ясный сигнал о том, что готовы получить то, что хотите.

В конечном итоге Закон Привлечения — это создание жизни, которую вы хотите, согласовывая свои мысли, эмоции и действия с вашими желаниями. Это осознание того, что вы — создатель своей реальности и что у вас есть сила привлекать позитивные события в вашу жизнь.

Итак, если вы хотите реализовать свои желания, начните с сосредоточения на позитивных мыслях и эмоциях, используя визуализацию, аффирмации, благодарность и действия для поддержки своих желаний. И, что самое главное, поддерживайте позитивный настрой и верьте в то, что у вас есть сила создать жизнь, которую вы хотите.

Глава 8: Закон Перпетуальной Трансмутации Энергии

Вы когда-нибудь чувствовали себя застрявшими или неподвижными в жизни, задаваясь вопросом, почему ничего не меняется, несмотря на все ваши усилия? Закон Перпетуальной Трансмутации Энергии может стать ключом к открытию положительных изменений, которых вы ищете.

В этой главе мы исследуем, что такое Закон Перпетуальной Трансмутации Энергии, как всё вокруг нас находится в постоянном движении, как вызвать положительные изменения через трансмутацию энергии и какова роль эмоций в этом процессе.

Что такое Закон Перпетуальной Трансмутации Энергии?

Закон Перпетуальной Трансмутации Энергии — это принцип, который утверждает, что вся энергия находится в постоянном состоянии изменений и может преобразовываться из одной формы в другую. Это означает, что энергия всегда движется, изменяется и трансформируется, и ничто не остаётся неизменным.

Этот закон гласит, что у нас есть сила изменять окружающую нас энергию, изменяя свои мысли, эмоции и действия. Таким образом, мы можем трансмутировать негативную энергию в позитивную и создать жизнь, которую желаем.

Как всё вокруг нас находится в постоянном движении

Всё вокруг нас постоянно изменяется, даже если мы этого не осознаём. Клетки в нашем теле постоянно обновляются, времена года сменяются, а даже камни и горы медленно разрушаются со временем.

Это постоянное движение энергии означает, что у нас есть возможность изменить наши обстоятельства и создать жизнь, которую мы желаем. Изменяя наши мысли, эмоции и действия, мы можем трансмутировать негативную энергию в позитивную и привлекать положительные события в нашу жизнь.

Как вызвать положительные изменения через трансмутацию энергии

Если вы хотите вызвать положительные изменения через трансмутацию энергии, есть несколько техник, которые вы можете использовать. Вот некоторые из них:

Осознанность: Первый шаг к вызову положительных изменений — это осознание своих текущих мыслей, эмоций и действий. Найдите время, чтобы понаблюдать за собой и выявить любые негативные шаблоны или ограничивающие убеждения, которые могут вас сдерживать.

Намерение: Как только вы осознаете своё текущее состояние, установите намерение относительно того, что хотите изменить. Будьте конкретны в том, что вы хотите трансмутировать и что хотите привлечь в свою жизнь.

Визуализация: Визуализация — это мощная техника для трансмутации энергии. Найдите время каждый день, чтобы визуализировать себя уже имеющим то, что вы желаете. Представляйте, как вы живёте той жизнью, которую хотите, испытывая эмоции, которые вы бы чувствовали, если бы уже имели то, что желаете.

Аффирмации: Аффирмации — это позитивные утверждения, которые вы повторяете себе для укрепления положительных убеждений и мыслей. Создайте аффирмации, которые поддерживают трансмутацию вашей негативной энергии в позитивную, и повторяйте их себе каждый день.

Действие: Наконец, действуйте в направлении своих намерений. Это не значит, что вы должны точно знать, как ваше желание проявится, но предпримите вдохновленные действия в его сторону. Это может быть так же просто, как провести исследование, сделать телефонный звонок или сделать небольшой шаг к своему желанию.

Понимание роли эмоций в трансмутации энергии

Эмоции играют ключевую роль в трансмутации энергии. Эмоции — это энергия в движении, и они способны трансмутировать энергию из одной формы в другую.

Негативные эмоции, такие как страх, гнев и грусть, могут трансмутировать позитивную энергию в негативную, в то время как положительные эмоции, такие как радость, любовь и благодарность, могут трансмутировать негативную энергию в позитивную.

Поэтому важно осознавать свои эмоции и учиться трансмутировать негативные эмоции в положительные. Вот несколько советов, как это сделать:

Принятие: Примите свои эмоции такими, какие они есть, без осуждения. Позвольте себе полностью чувствовать их и признайте их.

Переформулирование: Переформулируйте негативные эмоции в положительные, ища уроки и возможности в ситуации. Например, если вы чувствуете страх перед новой возможностью, переформулируйте это как волнение перед новым приключением.

Благодарность: Развивайте чувство благодарности, сосредоточив внимание на том, за что вы благодарны. Это может помочь изменить вашу энергию с негативной на позитивную.

Медитация: Медитация — это мощный инструмент для трансмутации энергии. Найдите время каждый день, чтобы посидеть в тишине и наблюдать за своими мыслями и эмоциями. Это поможет вам лучше осознавать своё внутреннее состояние и трансмутировать негативную энергию в позитивную.

Закон Перпетуальной Трансмутации Энергии учит нас, что всё находится в постоянном движении, и что у нас есть сила изменять наши обстоятельства, изменяя нашу энергию. Став осознанными о своих мыслях, эмоциях и действиях, устанавливая намерения, визуализируя свои желания, используя аффирмации и принимая вдохновленные действия, мы можем трансмутировать негативную энергию в позитивную и привлекать положительные события в свою жизнь.

Помните, что эмоции играют ключевую роль в трансмутации энергии, поэтому важно научиться трансмутировать негативные эмоции в позитивные. Признавая свои эмоции, переформулируя их, развивая благодарность и практикуя медитацию, мы можем стать более искусными в трансмутации энергии и создать жизнь, которую желаем.

Глава 9: Закон относительности

В предыдущих главах мы обсуждали различные духовные законы, которые управляют вселенной и нашим опытом. В этой главе мы рассмотрим Закон относительности, который является мощным инструментом для изменения нашей перспективы и изменения того, как мы воспринимаем окружающий нас мир.

Концепция перспективы и как она влияет на наш опыт

Закон относительности утверждает, что всё во вселенной является относительным и что наш опыт формируется нашей перспективой. Другими словами, не существует абсолютной истины или реальности, есть только наше восприятие.

Наша перспектива формируется множеством различных факторов, включая наше воспитание, убеждения, ценности и опыт. Эти факторы могут создавать фильтр, через который мы смотрим на мир, и этот фильтр может как ограничивать, так и расширять наш опыт.

Например, представьте, что вы едете на машине и застряли в пробке. Если у вас негативная перспектива, вы можете почувствовать разочарование и злость, сосредоточившись на том, что опаздываете на встречу. Однако если у вас позитивная перспектива, вы можете использовать это время, чтобы послушать музыку или аудиокнигу, или просто насладиться тихим временем наедине с собой.

Как изменить свою перспективу, чтобы увидеть вызовы как возможности для роста

Закон относительности учит нас тому, что мы имеем власть изменить свою перспективу и изменить то, как мы воспринимаем окружающий нас мир. Вот несколько техник для изменения нашей перспективы:

Практикуйте благодарность: Благодарность — это мощный инструмент для изменения нашей перспективы. Сосредоточившись на том, за что мы благодарны, мы можем изменить нашу энергию на более позитивное и расширяющее состояние.

Задавайте мощные вопросы: Задавая себе мощные вопросы, мы можем изменить свою перспективу и увидеть вызовы как возможности для роста. Вместо того чтобы спрашивать: «Почему это происходит со мной?» задайте вопрос: «Что я могу извлечь из этого опыта?»

Сосредоточьтесь на положительном: Сосредоточение на положительных аспектах ситуации также может помочь изменить нашу перспективу. Вместо того чтобы сосредотачиваться на том, что идет не так, сосредоточьтесь на том, что идет хорошо.

Визуализируйте успех: Визуализация успеха может помочь изменить нашу перспективу и создать позитивный настрой. Представьте себя, преодолевающим проблему и достигающим желаемого результата.

Техники для поддержания позитивной перспективы

Поддерживать позитивную перспективу может быть сложно, особенно в условиях трудностей. Вот несколько техник для поддержания позитивной перспективы:

Заботьтесь о себе: Забота о себе физически, эмоционально и духовно может помочь поддерживать позитивную перспективу. Это может включать упражнения, медитацию, ведение дневника или время, проведенное на природе.

Окружайте себя позитивными людьми: Окружение себя позитивными людьми также может помочь поддерживать позитивную перспективу. Когда мы находимся рядом с людьми, которые поднимают нас, мы с большей вероятностью будем чувствовать себя позитивными и оптимистичными.

Сосредоточьтесь на решении: Сосредоточение на решении, а не на проблеме, также может помочь поддерживать позитивную перспективу. Вместо того чтобы зацикливаться на проблеме, сосредоточьтесь на том, что вы можете сделать для её решения.

Закон относительности учит нас тому, что всё во вселенной является относительным и что наш опыт формируется нашей перспективой. Изменяя свою перспективу и поддерживая позитивный настрой, мы можем увидеть вызовы как возможности для роста и расширить наш опыт. Помните, что вы имеете власть выбирать свою перспективу, и этот выбор может оказать глубокое влияние на вашу жизнь.

Глава 10: Закон полярности

Закон полярности — один из самых глубоких и сложных законов во вселенной. Он утверждает, что у всего во вселенной есть полярный противоположный, и что эти противоположности на самом деле являются взаимодополняющими и взаимозависимыми. Например, не может быть света без тьмы, жары без холода или добра без зла.

Принцип двойственности и взаимодействие противоположностей

Принцип двойственности присутствует во всех аспектах нашей жизни, от наших мыслей и эмоций до окружающего нас природного мира. Мы каждый день испытываем эту полярность, даже если не осознаем этого. Именно взаимодействие этих противоположностей создает баланс и гармонию во вселенной.

Закон полярности говорит нам, что у всех вещей есть два противоположных полюса, такие как любовь и ненависть, радость и печаль, изобилие и нехватка. Эти полюса не обязательно равны по силе или интенсивности, но они всегда присутствуют. Ключ к пониманию этого закона заключается в признании того, что эти противоположности не конфликтуют друг с другом, а являются двумя частями единого целого.

Например, свет и тьма не являются двумя отдельными вещами, а представляют собой два разных аспекта одного и того же. Когда мы включаем свет, мы просто смещаем баланс света и тьмы. То же самое касается всех других полярностей во вселенной.

Как использовать полярность для создания баланса и гармонии в нашей жизни

Закон полярности может помочь нам создать баланс и гармонию в нашей жизни. Признавая, что у всего есть противоположность, мы можем использовать этот принцип для нахождения золотой середины между двумя крайностями. Это может помочь нам принимать более сбалансированные решения и избегать застревания в одной крайности или другой.

Один из способов использовать полярность для создания баланса — сосредоточиться на положительном аспекте ситуации, а не на негативном. Например, если мы проходим через трудный период, мы можем выбрать сосредоточение на уроках, которые мы извлекаем, и на росте, который мы испытываем, а не застревать в чувствах отчаяния и безнадежности.

Другой способ использовать полярность для создания баланса — принять как светлые, так и темные аспекты себя. У всех нас есть как положительные, так и отрицательные черты, и важно признавать и принимать оба этих аспекта себя. Приняв нашу теневую сторону, мы можем научиться интегрировать эти аспекты себя и найти более сбалансированный и гармоничный способ бытия.

Техники для принятия как светлых, так и темных аспектов себя

Принять как светлые, так и темные аспекты себя может быть сложно, но это необходимо для нашего личного роста и духовного развития. Вот несколько техник для принятия обоих аспектов себя:

Самопринятие: Самопринятие — это первый шаг к принятию как светлых, так и темных аспектов себя. Это означает признание и принятие всех частей себя, включая те, которые нам могут не нравиться или которые мы хотим изменить.

Работа с тенью: Работа с тенью — это процесс изучения и интеграции нашей теневой стороны. Это включает в себя признание и принятие наших негативных черт и поведения и изучение того, как работать с ними здоровым образом.

Осознанность: Осознанность — это практика присутствия и осознания наших мыслей, эмоций и ощущений в данный момент. Практикуя осознанность, мы можем научиться наблюдать за своими мыслями и эмоциями без осуждения и стать более осведомленными о своей теневой стороне.

Благодарность: Благодарность — это мощный инструмент для принятия как светлых, так и темных аспектов себя. Сосредоточив внимание на том, за что мы благодарны, мы можем изменить свою энергию на более позитивную частоту и научиться ценить как хорошее, так и плохое в нашей жизни.

Закон полярности — это мощный принцип, который может помочь нам создать баланс и гармонию в нашей жизни. Признавая, что у всего есть противоположность, мы можем научиться находить золотую середину и избегать застревания в крайностях. Мы можем использовать полярность, чтобы изменить нашу перспективу и сосредоточиться на положительных аспектах ситуации, а также принять как светлые, так и темные аспекты себя для личного роста и духовного развития. С самопринятием, работой с тенью, осознанностью и благодарностью мы можем научиться интегрировать эти аспекты себя и найти более сбалансированный и гармоничный способ бытия.

Помните, что жизнь не всегда черно-белая. Это спектр различных оттенков и цветов, и от нас зависит, чтобы найти баланс и гармонию между ними. Закон полярности учит нас тому, что всегда есть две стороны всего, и важно принять обе стороны, чтобы жить полноценной жизнью. Так что в следующий раз, когда вы столкнетесь с вызовом, помните, что всегда есть положительный аспект, и это — возможность для роста и преобразования. Примите светлые и темные аспекты себя, и вы обнаружите, что ваша жизнь станет более сбалансированной и гармоничной, чем когда-либо прежде.

Глава 11: Закон ритма

Вы когда-нибудь замечали, что все в жизни движется по циклам? Изменение сезонов, подъем и падение приливов, а также биение наших сердец — все это примеры циклической природы жизни. Закон ритма говорит нам о том, что все во вселенной движется по ритмическому шаблону, и именно этот шаблон создает баланс и гармонию в мире.

Циклическая природа жизни и ее влияние на наш опыт

Закон ритма учит нас тому, что все в жизни движется по циклам, и что эти циклы зависят от различных факторов, включая движение планет и законы природы. Эти циклы можно наблюдать и в нашей жизни, так как мы переживаем периоды роста и расширения, за которыми следуют периоды отдыха и размышлений.

Например, мы можем пройти через период интенсивной концентрации и продуктивности, за которым следует период выгорания и усталости. Или мы можем испытать период радости и изобилия, за которым последует период борьбы и трудностей. Эти циклы естественны и необходимы для нашего личного роста и развития.

Закон ритма говорит нам, что эти циклы не случайны, а следуют предсказуемому шаблону. Понимая этот шаблон, мы можем научиться плыть по ритмам жизни и создавать больше баланса и гармонии в нашей жизни.

Как плыть по ритмам жизни

Плыть по ритмам жизни означает принимать и обнимать циклическую природу нашего опыта. Это означает понимание того, что будут времена роста и расширения, а также времена отдыха и размышлений. Вот несколько способов плыть по ритмам жизни:

Практикуйте осознанность: Осознанность — это практика присутствия и осознания наших мыслей, чувств и ощущений в данный момент. Практикуя осознанность, мы можем стать более чувствительными к ритмам нашего тела и разума и научиться плыть по этим ритмам.

Доверяйте процессу: Доверие процессу означает отпускание необходимости контролировать каждый аспект нашей жизни и доверие тому, что все происходит к нашему наивысшему благу. Это означает принятие взлетов и падений жизни и знание, что все является частью более широкого плана.

Принимайте изменения: Изменение — естественная часть ритмического цикла жизни. Принимая изменения, мы можем научиться адаптироваться и расти через различные стадии нашей жизни. Это означает открытость новым опыту, принятие рисков и выход за пределы нашей зоны комфорта.

Техники для принятия изменений и трансформации

Принятие изменений и трансформации может быть сложным, но это необходимо для нашего личного роста и развития. Вот несколько техник для принятия изменений и трансформации:

Установите намерения: Установка намерений означает визуализацию того, что мы хотим создать в нашей жизни, и принятие мер для реализации этого. Устанавливая намерения, мы можем создать чувство цели и направления в нашей жизни и двигаться к нашим целям с ясностью и сосредоточенностью.

Практикуйте самоуход: Самоуход необходим для нашего физического, эмоционального и духовного благополучия. Заботясь о себе, мы можем построить устойчивость и силу, чтобы справляться с изменениями и трудностями жизни.

Принимайте непостоянство: Непостоянство — это фундаментальная истина жизни. Принимая непостоянство, мы можем научиться отпускать привязанность и развивать чувство отстраненности от нашего опыта. Это означает понимание того, что все временно и что изменение — естественная и необходимая часть жизни.

Закон ритма учит нас тому, что все в жизни движется по циклам, и что эти циклы зависят от различных факторов. Понимая и плывя по ритмам жизни, мы можем создать больше баланса и гармонии в нашей жизни. Принятие изменений и трансформации необходимо для нашего личного роста и развития, и, практикуя такие техники, как осознанность, доверие процессу и принятие непостоянства, мы можем научиться легче и грациозно справляться с взлетами и падениями жизни.

Важно помнить, что мы не отделены от ритмов жизни, а являемся их частью. Признавая нашу взаимосвязанность с природным миром, мы можем развить более глубокое чувство признательности и благодарности за красоту и чудо жизни.

Итак, найдите время, чтобы поразмышлять над ритмами вашей жизни. Какие циклы вы замечаете? Есть ли области, где вам трудно плыть по этим ритмам? Какие техники вы можете практиковать, чтобы помочь себе принять изменения и трансформацию?

Помните, жизнь — это путешествие, и Закон ритма напоминает нам, что будут времена роста и расширения, а также времена отдыха и размышлений. Принимая циклы жизни, мы можем научиться жить более полно, аутентично и радостно.

Глава 12: Закон гендера

Закон гендера — это один из семи фундаментальных законов вселенной, который утверждает, что все в творении имеет как мужские, так и женские качества. Этот закон касается не только физического гендера, но и энергетической сущности творения. В этой главе мы исследуем принцип гендера и его роль в творении и проявлении. Мы также обсудим, как использовать силу мужской и женской энергии, а также техники для балансировки и интеграции этих энергий.

Принцип гендера и его роль в творении и проявлении

Закон гендера говорит нам, что все в творении имеет как мужские, так и женские качества. Эти качества не ограничиваются физическим гендером, а отражают энергетическую сущность творения. Мужская энергия ассоциируется с такими качествами, как сила, напористость и действие, в то время как женская энергия связана с интуицией, заботой и восприимчивостью.

Закон гендера также говорит нам, что все в творении создается через взаимодействие этих мужских и женских энергий. Например, когда семя сажают в землю, ему требуется как мужская энергия солнца, так и женская энергия земли, чтобы вырасти в растение. Точно так же, когда мы создаем что-то, нам нужна как мужская энергия действия, так и женская энергия интуиции и восприимчивости.

Понимание и использование силы мужской и женской энергии необходимо для создания сбалансированной и гармоничной жизни.

Как использовать силу мужской и женской энергии

Чтобы использовать силу мужской и женской энергии, нам нужно понять качества каждой энергии и как привести их в баланс. Вот несколько способов использования силы мужской и женской энергии:

Развивайте самосознание: Развитие самосознания означает осознание собственных мужских и женских качеств. Поняв наши сильные и слабые стороны, мы можем работать над балансировкой и интеграцией нашей мужской и женской энергии.

Практикуйте осознанность: Осознанность — это практика присутствия и осознания наших мыслей, чувств и ощущений в данный момент. Практикуя осознанность, мы можем стать более чувствительными к энергии внутри и вокруг нас и научиться приводить мужскую и женскую энергии в баланс.

Принимайте уязвимость: Уязвимость часто ассоциируется с женской энергией. Приняв уязвимость, мы можем научиться открываться и устанавливать более глубокие связи с другими. Это может помочь нам сбалансировать нашу мужскую и женскую энергию и создать более значимые отношения.

Предпринимайте действия: Мужская энергия ассоциируется с действием и инициативой. Предпринимая действия к нашим целям, мы можем использовать силу мужской энергии и создать импульс в нашей жизни.

Развивайте интуицию: Женская энергия связана с интуицией и восприимчивостью. Развивая нашу интуицию, мы можем подключиться к нашей внутренней мудрости и руководству, а также создать более глубокое чувство связи с собой и окружающим миром.

Техники для балансировки и интеграции мужской и женской энергии

Вот несколько техник для балансировки и интеграции мужской и женской энергии:

Медитация: Медитация — это мощный инструмент для балансировки и интеграции мужской и женской энергии. Сосредоточив внимание на нашем дыхании и соединяясь с нашим внутренним «я», мы можем развить чувство спокойствия и баланса внутри себя.

Практика йоги: Йога — это еще один мощный инструмент для балансировки мужской и женской энергии. Через йогу мы можем научиться двигать нашими телами так, чтобы балансировать и интегрировать эти энергии.

Ведение дневника: Ведение дневника — это мощный инструмент для саморазмышления и самосознания. Ведя дневник, мы можем исследовать наши мысли и эмоции и стать более осведомленными о наших мужских и женских качествах.

Обнимите природу: Природа — это мощный источник женской энергии. Проводя время на природе, мы можем соединиться с женской энергией внутри и вокруг нас.

Ищите руководство: Поиск руководства у наставника, коуча или терапевта также может быть полезным в балансировке и интеграции мужской и женской энергии. Опытный профессионал может помочь нам определить области, где мы можем быть не в балансе, и предоставить инструменты и техники для приведения нашей энергии в гармонию.

Еще одной техникой для балансировки и интеграции мужской и женской энергии является внимание к языку, который мы используем. Наши слова и мысли могут оказывать сильное влияние на нашу энергию. Например, если мы постоянно подталкиваем себя к достижению наших целей и используем язык, который является агрессивным или настойчивым, мы можем переусердствовать с нашей мужской энергией. С другой стороны, если мы постоянно сомневаемся в себе и используем язык, который является пассивным или самоумаляющим, мы можем недооценивать нашу мужскую энергию.

Обращая внимание на используемый язык и сознательно меняя его на более сбалансированный, мы можем привести нашу энергию в гармонию и создать более сбалансированную и полноценную жизнь.

Закон гендера — это фундаментальный закон вселенной, и понимание его принципов необходимо для создания сбалансированной и гармоничной жизни. Используя силу мужской и женской энергии и балансируя и интегрируя эти энергии, мы можем создать жизнь с большей полнотой, значением и целью.

Ключ к использованию силы мужской и женской энергии — это самосознание и осознанность. Становясь осведомленными о нашей собственной энергии и сознательно работая над балансировкой и интеграцией, мы можем создать более гармоничную и сбалансированную жизнь.

В заключение, Закон гендера учит нас тому, что все в творении имеет как мужские, так и женские качества, и что эти энергии взаимодействуют, создавая все существующее. Понимая и используя силу этих энергий, мы можем создать жизнь с балансом, гармонией и удовлетворением. Так что примите свои мужские и женские качества и позвольте им работать вместе, чтобы создать жизнь, полную красоты и радости.

Глава 13: Жизнь в согласии с духовными законами

В предыдущей главе мы обсудили 12 духовных законов и их значение в нашей жизни. Эти законы служат руководством для жизни, наполненной смыслом и целеустремленностью. Но как интегрировать эти законы в нашу повседневную жизнь? В этой главе мы обсудим техники жизни в согласии с духовными законами и достижения личного роста и духовного просветления через них.

Техники интеграции законов в вашу повседневную жизнь

Практикуйте осознанность: Первый шаг к жизни в согласии с духовными законами — это развитие осознанности. Практикуя осознанность, мы можем стать более внимательными к нашим мыслям, эмоциям и действиям. Это осознание позволяет нам распознавать моменты, когда мы находимся вне согласия с законами, и вносить необходимые коррективы. Осознанность можно практиковать через медитацию, йогу или просто присутствуя в моменте.

Устанавливайте намерения: Установка намерений — мощный способ привести себя в согласие с духовными законами. Установив намерения, мы заявляем о нашем желании жить в соответствии с законами и приглашаем вселенную поддержать нас в нашем пути. Намерения можно устанавливать ежедневно, еженедельно или даже ежемесячно. Главное — быть конкретным и целенаправленным в том, что мы хотим manifest.

Размышляйте о законах: Рефлексия — важный инструмент для интеграции духовных законов в нашу жизнь. Размышляя о законах, мы получаем более глубокое понимание их значения и того, как они применимы к нашей жизни. Рефлексию можно проводить через ведение дневника, медитацию или обсуждение законов с единомышленниками.

Действуйте: Духовные законы — это не просто теоретические концепции; они требуют действий с нашей стороны. Предпринимание действий для жизни в согласии с законами — ключевой шаг к их интеграции в нашу повседневную жизнь. Эти действия могут быть простыми, как осознанный выбор, который соответствует законам, или более значительными шагами к осуществлению наших намерений.

Как достичь личного роста и духовного просветления через законы

Сдача: Сдача вселенной — ключевой элемент жизни в согласии с духовными законами. Сдача означает отпускание привязанности к результатам и доверие, что вселенная заботится о наших интересах. Когда мы сдаемся, мы позволяем вселенной творить свою магию и направлять нас к нашему высшему благу.

Доверие: Доверие — еще один важный элемент жизни в согласии с духовными законами. Доверие означает веру в то, что все происходит не случайно и что вселенная работает в нашу пользу. Когда мы доверяем, мы отпускаем страх и сомнения и открываем себя для изобилия, которое предлагает вселенная.

Благодарность: Благодарность — мощный инструмент для достижения личного роста и духовного просветления. Практикуя благодарность, мы смещаем фокус с того, чего нам не хватает, на то, что у нас есть. Благодарность также развивает чувство изобилия и привлекает больше позитива в нашу жизнь.

Прощение: Прощение — это важный элемент духовного роста. Когда мы держим на кого-то обиды и resentment, мы создаем блоки в нашей энергии, которые мешают нам жить в согласии с духовными законами. Практикуя прощение, мы освобождаем эти блоки и позволяя энергии свободно течь, что ведет к личному росту и духовному просветлению.

Служение: Служение — это способ вернуть вселенной и жить в согласии с духовными законами. Служа другим, мы создаем цепную реакцию позитива, которая распространяется далеко за пределы нас самих. Служение может принимать разные формы, от волонтерства до простого проявления доброты и сострадания к другим.

Жизнь в согласии с духовными законами — это путь к личному росту и духовному просветлению. Интегрируя эти законы в нашу повседневную жизнь и практикуя такие техники, как осознанность, установка намерений, размышления и действия, мы можем осуществить наши желания и жить более полноценной и целеустремленной жизнью. Не забывайте сдаваться, доверять, практиковать благодарность, прощение и служение, и позволяйте вселенной направлять вас к вашему высшему благу. Жизнь в согласии с духовными законами может быть не всегда легкой, но это путь, который стоит пройти. Награды личного роста и духовного просветления безмерны и могут привести к жизни, наполненной любовью, радостью и изобилием.

Глава 14: Преодоление препятствий на духовном пути

Духовный путь не всегда легок. На этом пути мы, вероятно, столкнемся с препятствиями, которые могут помешать нашему прогрессу и даже сбить нас с пути. Эти препятствия могут принимать различные формы — от внешних проблем, таких как финансовые трудности или проблемы в отношениях, до внутренних конфликтов, таких как самосомнение или страх. В этой главе мы рассмотрим распространенные препятствия на духовном пути, техники их преодоления и способы поддержания духовного роста перед лицом трудностей.

Понимание распространенных препятствий на духовном пути

Самосомнение: Самосомнение является одним из самых распространенных препятствий на духовном пути. Мы можем сомневаться в своих способностях, в своей ценности или даже в действительности нашего пути. Самосомнение может помешать нам предпринять действия для достижения наших целей и привести к чувству неуверенности и недостаточности.

Страх: Страх — еще одно распространенное препятствие на духовном пути. Мы можем бояться неудачи, успеха или неизвестности. Страх может удерживать нас от принятия рисков и мешать нам полностью раскрыть свой потенциал.

Эго: Эго также является препятствием на духовном пути. Эго — это часть нас, которая идентифицирует себя с нашими мыслями, убеждениями и опытом. Оно может мешать нам видеть за пределами нашей собственной перспективы и приводить к чувству отделенности и разобщенности с другими.

Привязанность: Привязанность — это еще одно распространенное препятствие на духовном пути. Мы можем привязываться к нашим убеждениям, вещам или даже отношениям. Привязанность может помешать нам отпустить то, что больше не служит нам, и может воспрепятствовать нашему движению вперед по пути.

Техники преодоления препятствий

Осознанность: Осознанность — мощный инструмент для преодоления препятствий на духовном пути. Практикуя осознанность, мы можем стать более внимательными к нашим мыслям и эмоциям и распознавать, когда нас сдерживают страх, самосомнение или привязанность. Осознанность можно практиковать через медитацию, йогу или просто оставаясь в настоящем моменте.

Самосострадание: Самосострадание — это еще один важный инструмент для преодоления препятствий. Проявляя к себе доброту и понимание, мы можем освободиться от самосомнения и страха. Самосострадание можно практиковать через позитивные саморазговоры, заботу о себе и обращение к себе с той же добротой и эмпатией, которые мы бы проявили к другим.

Благодарность: Благодарность — еще один мощный инструмент для преодоления препятствий на духовном пути. Сосредоточившись на том, за что мы благодарны, мы смещаем акцент с наших проблем на изобилие, которое нас окружает. Благодарность можно практиковать через ведение дневника, медитацию или просто уделяя время на то, чтобы ценить настоящий момент.

Визуализация: Визуализация — это техника преодоления препятствий, которая включает представление себя преодолевающим трудности и достигающим своих целей. Визуализируя успех, мы можем изменить свое восприятие с одного, основанного на страхе и сомнении, на уверенность и решительность. Визуализацию можно практиковать через направленные медитации или просто выделяя время каждый день для визуализации желаемого результата.

Как поддерживать духовный рост перед лицом трудностей

Принятие: Принятие — ключевой элемент поддержания духовного роста перед лицом трудностей. Признавая наши проблемы и рассматривая их как возможности для роста, мы можем преодолеть препятствия и продолжать наш путь. Принятие включает отпускание сопротивления и сдачу настоящему моменту.

Терпение: Терпение — еще один важный элемент поддержания духовного роста перед лицом трудностей. Духовный рост — это путешествие, которое требует времени, и важно помнить, что прогресс не всегда линейный. Практикуя терпение и доверяя процессу, мы можем оставаться преданными нашему пути и преодолевать любые препятствия.

Сообщество: Сообщество — важный элемент поддержания духовного роста перед лицом трудностей. Окружая себя единомышленниками, которые находятся на схожем пути, мы можем найти поддержку и вдохновение. Мы можем делиться нашими трудностями и успехами с другими и учиться на их опыте. Присоединение к духовному сообществу, будь то лично или онлайн, может быть мощным способом оставаться на связи и мотивированным на нашем пути.

Забота о себе: Забота о себе — еще один важный элемент поддержания духовного роста перед лицом трудностей. Когда мы сталкиваемся с препятствиями, может быть легко пренебречь своими потребностями и сосредоточиться исключительно на преодолении трудностей. Однако забота о себе необходима для поддержания нашего физического, эмоционального и духовного благополучия. Забота о себе может включать практики, такие как физическая активность, здоровое питание, достаточный отдых и занятия, приносящие радость.

Адаптивность: Адаптивность — важный навык для поддержания духовного роста перед лицом трудностей. Когда мы сталкиваемся с препятствиями, может быть необходимо изменить свой подход или пересмотреть ожидания. Оставаясь гибкими и открытыми новым возможностям, мы можем продолжать расти и развиваться на нашем пути.

Препятствия на духовном пути неизбежны, но они не должны сбивать нас с курса. Понимая распространенные препятствия, практикуя техники их преодоления и поддерживая духовный рост перед лицом трудностей, мы можем продолжать двигаться вперед на нашем пути с уверенностью и решимостью. Не забывайте практиковать осознанность, самосострадание, благодарность и визуализацию. Также принимайте, практикуйте терпение, создавайте сообщество, заботьтесь о себе и будьте адаптивными. Пусть ваш духовный путь продолжает процветать, даже перед лицом препятствий.

Глава 15: Продвинутая духовная работа

В этой главе мы исследуем продвинутые техники духовной работы, как углубить свое понимание и практику духовных законов, а также важность интуиции и духовного руководства в продвинутой духовной работе.

Техники продвинутой духовной работы

По мере того как мы продвигаемся по своему духовному пути, мы можем ощутить притяжение к более продвинутым техникам для духовного роста и исцеления. Вот несколько техник, которые могут помочь вам поднять вашу духовную работу на новый уровень:

Дыхательные практики: Дыхательные практики — это мощная техника для освобождения застоявшейся энергии и эмоций из тела. Она включает контролируемые дыхательные упражнения, которые могут привести к изменённым состояниям сознания и духовным прозорливым моментам. Дыхательные практики могут помочь вам получить доступ к более глубоким частям себя и освободиться от старых моделей и блокировок.

Звуковое исцеление: Звуковое исцеление — это техника, которая использует звуковые вибрации для исцеления тела, ума и духа. Это может включать прослушивание или создание специфических звуков или частот, которые могут сбалансировать и гармонизировать энергетические центры тела. Звуковое исцеление может помочь вам снять стресс и напряжение, способствовать расслаблению и усилить духовную связь.

Шаманские путешествия: Шаманские путешествия — это техника для доступа к духовному руководству и мудрости через изменённые состояния сознания. Она включает в себя вход в транс через барабанный бой или другие повторяющиеся звуки и путешествие в другие сферы для получения руководства от духовных наставников, предков или других духовных существ. Шаманские путешествия могут помочь вам получить доступ к более глубоким частям себя и получить прозорливые моменты и руководство для вашего пути.

Энергетическое исцеление: Энергетическое исцеление — это техника для балансировки и гармонизации энергетических центров тела. Она включает в себя использование различных методик, таких как Рейки, акупунктура или другие формы работы с энергией для освобождения блокировок и содействия исцелению. Энергетическое исцеление может помочь вам освободиться от физической или эмоциональной боли, способствовать расслаблению и углублять духовную связь.

Как углубить свое понимание и практику духовных законов

По мере продвижения по духовному пути важно углублять свое понимание и практику духовных законов. Вот несколько способов сделать это:

Изучение: Изучение духовных учений и текстов может помочь углубить ваше понимание духовных законов и принципов. Чтение книг, посещение лекций или прохождение курсов могут помочь вам получить новые прозорливые моменты и взгляды на ваш путь.

Практика: Практика духовных принципов в вашей повседневной жизни может помочь вам более полно интегрировать их в ваше существо. Это может включать в себя такие практики, как медитация, осознанность, благодарность или самоанализ.

Поиск руководства: Поиск руководства у духовного учителя, наставника или сообщества может помочь углубить ваше понимание и практику духовных законов. Они могут предоставить вам прозорливые моменты, поддержку и руководство на вашем духовном пути.

Понимание роли интуиции и духовного руководства в продвинутой духовной работе

По мере продвижения по нашему духовному пути интуиция и духовное руководство становятся все более важными. Вот почему:

Интуиция: Интуиция — это способность понимать или знать что-то без сознательного рассуждения или доказательств. Это важный инструмент для доступа к более глубоким частям себя и получения руководства от духа. Интуиция может развиваться через такие практики, как медитация, осознанность или ведение дневника.

Духовное руководство: Духовное руководство — это помощь и прозорливые моменты, которые мы получаем от духа, такие как от наших духовных наставников, ангелов или высшего Я. Оно может проявляться в различных формах, таких как сны, синхронистичности или интуитивные прозорливые моменты. Оставаясь открытыми и восприимчивыми к духовному руководству, мы можем получать поддержку и прозорливые моменты для нашего пути.

Доверие: Доверие — это необходимый элемент работы с интуицией и духовным руководством. Доверяя себе и полученному руководству, мы можем двигаться вперед по нашему пути с уверенностью и ясностью. Доверие может развиваться через практики, такие как медитация, осознанность или ведение дневника.

Продвинутая духовная работа может принимать различные формы, от дыхательных практик и звукового исцеления до шаманских путешествий и энергетического исцеления. Эти техники могут помочь нам получить доступ к более глубоким частям себя, освободиться от блокировок и получить духовные прозорливые моменты и руководство.

Чтобы углубить наше понимание и практику духовных законов, мы можем изучать, практиковать и искать руководство у духовных учителей или сообществ. Интегрируя духовные принципы в нашу повседневную жизнь, мы можем развить более глубокое понимание себя и мира вокруг нас.

Интуиция и духовное руководство играют решающую роль в продвинутой духовной работе. Развивая нашу интуицию через такие практики, как медитация и осознанность, мы можем получить доступ к более глубоким частям себя и получить руководство от духа. Оставаясь открытыми и восприимчивыми к духовному руководству и доверяя себе и своему пути, мы можем двигаться вперед по нашему духовному пути с уверенностью и ясностью.

Помните, что духовный рост — это путешествие, а не пункт назначения. Продолжая исследовать и углублять наше понимание и практику продвинутой духовной работы, давайте подходим к этому с открытым сердцем и готовностью учиться и расти. Пусть наше духовное путешествие приблизит нас к нашим истинным я и к божественному.

Заключение

В этой книге мы исследовали 12 духовных законов и то, как они могут помочь нам достичь личного роста и духовного просветления. Мы увидели, как эти законы могут направлять нас в создании жизни, полной изобилия, гармонии и радости. Соответствуя этим законам, мы можем жить своей жизнью с целью, смыслом и удовлетворением.

Советы по продолжению применения законов в вашей жизни

В заключение этой книги важно помнить, что путь к личному росту и духовному просветлению является постоянным. Вот несколько советов по продолжению применения 12 духовных законов в вашей жизни:

Помните законы: Регулярно пересматривайте 12 духовных законов. Держите их в своем сознании и интегрируйте в свою повседневную жизнь.

Практикуйте благодарность: Благодарность — это мощная практика, которая может помочь вам сосредоточиться на положительных аспектах вашей жизни. Сделайте привычкой выражать благодарность за благословения в вашей жизни, независимо от того, как малыми они могут казаться.

Оставайтесь открытыми: Оставайтесь открытыми новым впечатлениям, прозорливым моментам и точкам зрения. Будьте готовы учиться и расти, принимайте неизвестность с любопытством и открытостью.

Практикуйте осознанность: Осознанность — это практика присутствия и осознания в моменте. Практикуя осознанность, вы можете развить большую осведомленность о своих мыслях, чувствах и действиях.

Окружите себя положительной энергией: Окружите себя людьми и впечатлениями, которые поднимают вас и вдохновляют. Ищите позитивные окружения, сообщества и отношения, которые поддерживают ваш рост и благополучие.

Важность постоянной духовной практики для постоянного роста и просветления

Наконец, важно подчеркнуть роль постоянной духовной практики в достижении непрерывного роста и просветления. Духовная практика является основой нашего пути к личному росту и духовному исполнению. Развивая постоянную духовную практику, мы можем углубить нашу связь с собой, с другими и с божественным.

Вот некоторые практики, которые вы можете рассмотреть для включения в свою духовную рутину:

Медитация: Медитация — это практика успокоения ума и сосредоточения на настоящем моменте. Она может помочь вам уменьшить стресс, улучшить фокус и концентрацию, а также развить внутренний мир.

Ведение дневника: Ведение дневника — это практика записи своих мыслей и чувств. Это может помочь вам получить ясность и прозорливые моменты о вашем внутреннем мире, а также предоставить пространство для самоанализа и роста.

Молитва: Молитва — это практика связи с божественным. Она может помочь вам выразить благодарность, искать руководство и поддержку, а также углубить вашу духовную связь.

Служение: Служение — это практика помощи другим. Это может помочь вам развить сострадание, благодарность и чувство цели и удовлетворения.

Личный рост и духовное просветление не являются конечными точками, а постоянными путями. Соответствуя 12 духовным законам и развивая постоянную духовную практику, мы можем продолжать эволюционировать и расти, создавая жизни, наполненные смыслом и целью. Помните, оставайтесь открытыми, практикуйте благодарность и окружайте себя положительной энергией. И, что самое главное, доверяйте пути и доверяйте себе. У Вселенной есть план для вас, и, соответствуя этим законам, вы можете открыть свой истинный путь и цель.

Don't miss out!

Visit the website below and you can sign up to receive emails whenever SERGIO RIJO publishes a new book. There's no charge and no obligation.

https://books2read.com/r/B-A-COYW-XCBCF

BOOKS 2 READ

Connecting independent readers to independent writers.

Milton Keynes UK
Ingram Content Group UK Ltd.
UKHW032037191024
449814UK00010B/460

9 798227 172327